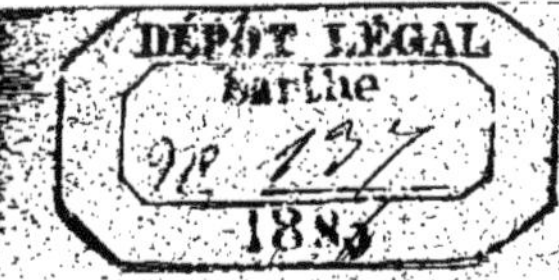

ORAISON FUNÈBRE

DE SA GRANDEUR

MONSEIGNEUR HECTOR-ALBERT

CHAULET-D'OUTREMONT

ÉVÊQUE DU MANS

PRONONCÉE DANS L'ÉGLISE CATHÉDRALE DU MANS

LE 29 OCTOBRE 1884

Par Monseigneur GASPARD MERMILLOD

ÉVÊQUE DE LAUSANNE ET GENÈVE

LE MANS
TYPOGRAPHIE ED. MONNOYER, IMPRIMEUR DE L'ÉVÊCHÉ

1884

ORAISON FUNÈBRE

DE SA GRANDEUR

MONSEIGNEUR HECTOR-ALBERT

CHAULET-D'OUTREMONT

ÉVÊQUE DU MANS

PRONONCÉE DANS L'ÉGLISE CATHÉDRALE DU MANS

LE 29 OCTOBRE 1884

Par Monseigneur GASPARD MERMILLOD

ÉVÊQUE DE LAUSANNE ET GENÈVE

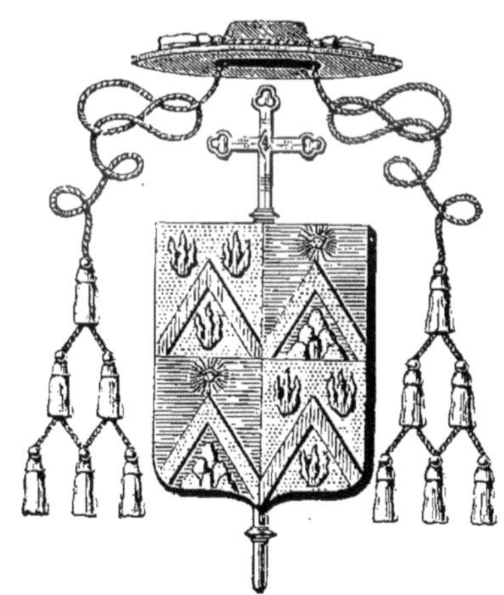

LE MANS

TYPOGRAPHIE ED. MONNOYER, IMPRIMEUR DE L'ÉVÊCHÉ

1884

ORAISON FUNÈBRE

DE SA GRANDEUR

MONSEIGNEUR HECTOR-ALBERT

CHAULET-D'OUTREMONT

ÉVÊQUE DU MANS

PRONONCÉE DANS L'ÉGLISE CATHÉDRALE DU MANS

LE 29 OCTOBRE 1884

Par Monseigneur GASPARD MERMILLOD

ÉVÊQUE DE LAUSANNE ET GENÈVE

Ego autem libentissime impendam, et superimpendar ipse pro animabus vestris.

Pour moi, je dépenserai tout très volontiers, et je me dépenserai moi-même pour vos âmes.

S. Paul. IIe *épître aux Corinthiens*, ch. XII, v. 15

Monseigneur, (1)

Voilà tracées, en quelques paroles de saint Paul, la vie et la mort de votre pieux et vaillant Évêque!

Il a vécu, il s'est prodigué, il s'est immolé pour les âmes !

Tout est dit ; pourtant, je dois parler encore.

Me pardonnerez-vous, au début de cette cérémonie funèbre, un

(1) Mgr Sebaux, Evêque d'Angoulême.

souvenir qui m'émeut? Il y a vingt-six ans, j'étais convié, jeune prêtre, à monter dans cette chaire et à être l'orateur d'un sacre épiscopal; dans l'enceinte trop étroite de votre grande basilique se pressaient les pontifes, le clergé et le peuple en allégresse. Un prêtre, l'honneur de votre diocèse, le maître aimé du séminaire, était l'élu de Dieu ; il recevait la plénitude du sacerdoce, envoyé sur le sol monastique de Saint-Claude et aux vivants souvenirs de saint François de Sales. Après un quart de siècle je me retrouve dans cette chaire en deuil, appelé par votre Vénérable Chapitre à prêter une voix à votre douleur et à être l'interprète de votre inconsolable tristesse.

Hélas ! votre antique cathédrale a vu de nos jours se succéder rapidement les fêtes et les funérailles. Mais ces tombes si prématurément ouvertes sont des sépulcres lumineux et glorieux qui redisent avec quelle solidité votre sainte Église du Mans se rattache au Saint-Siège. Vos morts illustres sont des anneaux infrangibles qui vous relient à la Chaire de Pierre, ce foyer de la lumière et de la vie dans le monde.

Lorsque, en 1854, aux acclamations de l'univers catholique, Pie IX proclamait le dogme de l'Immaculée-Conception de la Vierge Marie, votre pontife, saint vieillard, docte théologien, mourait dans le palais des Papes; il scellait ainsi en votre nom, la foi de votre Eglise aux gloires de la Mère de Jésus et aux prérogatives de son Vicaire (1). Le sceptre pastoral du Mans fut remis entre les mains d'un disciple de l'éminent Cardinal Gousset et d'un ami fidèle de votre immortel Bénédictin ; ce règne bien court fortifia les vigueurs de votre orthodoxie romaine (2). Après lui, vous vîtes à votre tête un Docteur, un Père que la plus grande voix doctrinale de l'Episcopat français glorifiait en l'appelant « l'une des personnalités les plus prépondérantes du Concile du Vatican. » (3)

Celui dont la mémoire est bénie de Dieu et du peuple, celui

(1) Mgr Bouvier.
(2) Mgr Nanquette.
(3) Mgr Fillion loué par Mgr Pie.

dont la douce image plane sur cet auditoire, était digne de porter ce noble et difficile héritage. Ne semble-t-il pas avoir concentré en sa personne les clartés du théologien, la majesté du pontife, les tendresses du père et surtout les flammes ardentes de l'apôtre? Ses œuvres sont éclatantes, sa renommée est populaire entre toutes; au jour où ses dépouilles mortelles étaient escortées du clergé et des foules, votre diocèse tout entier, par ses regrets et ses sanglots, rendait un solennel hommage à sa vie de charité. Nul ne manquait à ce cortège imposant où les représentants de l'État, de l'armée, de la naissance, de la fortune et du travail lui formaient une couronne d'honneur.

Vous me pardonnerez de n'apporter qu'une ébauche devant ces insignes de la mort, devant les regrets universels, devant ce Pontife ami, pieux et savant évêque dont la présence vous honore et vous console. Des labeurs sans trève, une voix fatiguée m'imposeraient le silence si je n'avais l'espoir que votre filiale piété achèvera mon discours. Votre père fut une vivante copie de saint François de Sales ; le zèle des âmes en a fait un chrétien fervent, un prêtre infatigable et un évêque digne de Dieu qui le choisit, et de votre Église dont il fut l'Époux dévoué. Vous accueillerez avec votre cœur fidèle cet éloge, quoique imparfait, de votre Révérendissime Seigneur et Père en Dieu, HECTOR-ALBERT CHAULET-D'OUTREMONT, ÉVÊQUE DU MANS.

I

La vie de votre Evêque est un témoignagne éclatant de cette vérité des Livres-Saints : que l'*homme dispose d'avance ses voies selon le désir de son cœur, mais que c'est Dieu qui dirige ses pas* (1) et guide ses destinées. Tout semblait lui préparer une heureuse carrière terrestre ; sa naissance, ses tendances, sa famille, sa distinction personnelle. Il naquit dans la Touraine où les mœurs, a-t-on écrit, sont douces comme le climat du pays ; les esprits y sont cultivés comme le sol, jardin magnifique de la France ; province plus riche encore par les souvenirs religieux et nationaux qui l'enveloppent. C'est une terre sillonnée de miracles, marquée de l'empreinte des vaillants athlètes de Jésus-Christ, saint Gatien, saint Martin et saint Grégoire ; elle garde jusque dans ses ruines des traces ineffaçables de sa foi et de son patriotisme ; le berceau d'Hector fut encadré par cette riante nature et par les fastes de l'histoire chrétienne.

L'esprit militaire se perpétuait dans sa notable famille comme la meilleure fortune. Il ressentit, au premier réveil de son cœur, la piété filiale la plus vive ; le culte fervent de sa mère fit de lui une âme délicate et fière, douce et ferme, calme au dehors et pleine de flammes au dedans, pacifique et ardente, dont il sera dit à la mort : « Ah ! oui, Monseigneur d'Outremont avait un grand cœur, une intelligence élevée, un noble caractère. » A l'exemple de saint François de Sales dont il fut le client fidèle et qu'il chercha à reproduire, il a redit à son aurore les premières paroles du saint Evêque de Genève : « Oh ! je suis heureux ! le bon Dieu « et ma mère m'aiment bien. » Pourtant cette affection qui fut sa

(1) *Cor hominis* disponit viam suam, sed Domini est dirigere gressus suos. *Prov.* XVI, 9.

joie et sa force, sera à une heure décisive de sa vie, un glaive pour son cœur. Blessure rapide, vite fermée, qui ne s'ouvrira que pour laisser passer les flots de l'amour divin, comme le baume odoriférant découle de l'arbre meurtri.

N'anticipons pas et suivons peu à peu l'ascension de cette âme. Son éducation se faisait sous le toit domestique et à l'école ; par cette union de la famille et du collège, l'homme prélude plus facilement aux luttes de la vie qui doit être un combat et qui doit rester une tendresse. Le jeune étudiant ne quittait ses classes que pour accourir vers sa mère ; c'était là son repos le plus doux, et ses récréations les plus charmantes.

Il subit alors l'influence de son temps. Nous ne pouvons le taire ; pendant un court espace, il se laissa choir dans une indifférence pratique, envahi par cette atonie de l'âme qui n'est ni l'hostilité ni le dédain, mais qui est le sommeil devant les droits de Dieu et le but suprême de l'existence. Notre jeune gentilhomme ne fit qu'une halte dans ce désert de l'âme ; il y manquait d'air, il sentait des battements d'ailes qui l'appelaient dans les régions lumineuses et vivantes de la vérité et de la grâce. Un regard sérieux sur son existence lui suffit ; il comprit que la vie ne vaut la peine de vivre qu'autant que Dieu en est le terme, comme il en est l'auteur souverain.

Il retrouve le chemin de la Table sainte ; soudain, sans longue pratique religieuse, sans transition aucune, il court dans les âpres sentiers de la pénitence ; cet adolescent, adulé par le monde, sent en lui les attraits de l'austérité et la volupté des immolations.

Cette vigueur précoce de pénitence révèle ce qu'il possédait d'étonnantes aspirations pour le Sauveur crucifié. Les vues de Dieu deviennent de plus en plus visibles sur cette âme. Le Maître lui impose une épreuve qui est le privilège de ceux qu'il destine à être les amis de son cœur. Ce que saint François de Sales ressentit dans ses jeunes années, il en est accablé à son tour. Adolescent, presque néophyte dans la vie chrétienne, il a des visions persécutrices ; il se croit voué à la damnation éternelle ; les ombres et les terreurs écrasent sa conscience, l'enveloppent ; mais, comme son saint de prédilection, il entrevoit, dans ses ténèbres, les mystérieux secrets de l'amour divin. L'épreuve fut passagère, il reconquiert la sérénité confiante, en répétant les supplications de l'Évêque de Genève : « O mon Dieu ! si je ne puis vous aimer dans l'autre monde, que je vous aime au moins sur cette terre ! »

N'êtes-vous pas surpris de ce rapide et profond travail divin, dans cette existence de jeune homme? Les contrastes les plus étranges la marquent d'un signe extraordinaire ; son âme s'élève, comme par instinct, aux cimes de la vie mystique, et il reste, cependant, dans le tumulte du monde. Le voilà lancé au milieu de la capitale, pour y fréquenter les cours de droit. Il y vint à un moment de conquêtes et d'espoirs pour l'Église de France ; un souffle nouveau passait dans les esprits, la foi, bafouée jusque-là, reprenait son empire et son prestige. L'épiscopat resserrait ses liens avec le Saint-Siège ; des rayons de lumière et de flamme jaillissaient de la chaire de Notre-Dame de Paris et de votre cloître de Solesmes. L'unité doctrinale et liturgique préoccupait les laïques eux-mêmes ; la jeunesse enthousiaste s'enivrait à l'éloquence sacrée ; des accents chrétiens, libres et fiers, retentissaient à la tribune, dominaient les partis, étonnés de cette réapparition des fils des croisés devant les fils de Voltaire ; le collège de France secouait les archives de l'histoire, et reconnaissait les bienfaits de l'Église ; la presse était *élevée à la hauteur d'une institution catholique* (1), par l'incomparable éclat littéraire et la vaillance désintéressée d'un grand écrivain. Quel magnifique mouvement et quel splendide unanimité des âmes ! Croisade pacifique et généreuse qui marchait à la revendication de la libre éducation chrétienne, et à la défense de la liberté de cette sainte Église que Dieu a faite non pas esclave, mais l'Épouse immaculée de son Fils. Il n'y avait pas seulement alors ces retentissantes manifestations de la chaire et du forum : la sève surnaturelle, la vie intérieure, les œuvres de charité s'emparaient de cette jeunesse incandescente, qui courait à l'adoration nocturne de Jésus-Hostie comme à la mansarde du

(1) Paroles de Mgr Parisis.

pauvre sous la bannière de saint Vincent de Paul. Qui de nous, devant nos découragements, nos divisions et nos ruines, ne jette un regard d'envie, sur cette époque où se formait cette chevalerie de la foi, de l'apostolat et du dévouement, cette armée dont la France fut le foyer? Pie IX la bénissait; son œil prophétique entrevoyait qu'elle serait pour lui son rempart, et qu'à l'heure des suprêmes délaissements, il pourrait dire : « Mon crucifix et le peuple chrétien sont mon unique et fidèle appui !..... »

Notre pieux étudiant en droit fut aux premiers rangs de cette armée du bien. Ni les séductions qui abaissent, ni les lâchetés qui énervent n'eurent de prise sur lui; à l'exemple de saint Basile et de saint Grégoire, à Athènes, le prestige des maîtres célèbres n'entame pas ses convictions ; il repousse la domination des idées, des idoles en vogue, résistant aux curiosités malsaines, aux entraînements pernicieux de l'esprit et des sens; il franchit ces abîmes sans subir aucun détriment, parce qu'il était muni et fortifié (1). L'église, l'école, les réduits abjects de la misère, l'hospice providentiel des Petites-Sœurs des Pauvres ; c'est là que s'écoulent prospères et fécondes les années de son séjour à Paris. Toute l'exubérance de sa vie s'épanche au pied du tabernacle et près des pauvres; c'est ainsi que dans ce noviciat apostolique se prépare celui qui sera un jour l'infatigable ouvrier de la foi et de la charité.

Il revint au milieu des siens; lorsqu'il aperçut les tours de Saint-Gatien, les larmes lui montèrent aux yeux et jamais, a-t-il redit souvent, il ne les revoyait sans ressentir une pénétrante émotion. L'étudiant de Tours était conseiller de préfecture. Aimable, distingué, l'esprit ouvert, l'âme nourrie d'une forte piété, recherché dans le monde, avide de vie surnaturelle, notre jeune magistrat mènera de front la double existence des relations sociales et de la perfection chrétienne.

Il n'hésite pas à confesser sa foi sans respect humain, à soulager

(1) Nobis autem nil detrimenti ab iis allatum est, utpote qui animo communiti et obsepti eramus. — S. Greg. N. *Oratio* XLIII.

les infortunés sans ostentation et à porter dans les réunions du monde l'énergie de ses convictions et les grâces de sa charité. Parfois on tente de railler cet *élégant ultramontain*, mais rien ne le fera dévier de la voie droite. Grâce à Dieu, il n'avait pas le péril de l'isolement ; une sève religieuse bouillonnait dans le vieux sol de saint Martin ; la prière et les œuvres s'y développaient : les Petites Sœurs des Pauvres, conduites par cette humble fille des champs, la sœur Pauline, dont la foi fit un génie de charité ; le Carmel où s'immolait la sœur Saint-Pierre, retrouvant les visions et les extases de sainte Thérèse ; les saintes veilles de l'adoration nocturne ; le cénacle du saint homme de Tours, amenant devant la Sainte Face de notre Sauveur des phalanges d'âmes qui, comme Véronique offrent au Maître outragé les hommages de l'amour réparateur. Dans ces catacombes nouvelles, inconnues à la foule oublieuse et distraite, grandissaient des hommes qui plus tard serviront l'Église par le glaive de la plume, par l'apostolat sous les cieux incléments de l'Inde ; héroïques amis qui tour à tour s'agenouillent devant le Dieu de l'Eucharistie et vont porter aux déshérités *le bon de pain et le bon du cœur*.

Si l'on a pu dire :

> L'amitié d'un grand homme est un présent des cieux,

Hector reçut un bienfait meilleur encore ; il vécut dans l'intimité d'un saint. Le vénérable M. Dupont était son conseiller, son ami, son inspirateur ; le capitaine Marceau, le P. Eymard, le séduisant artiste Hermann devenu le Carme pénitent, et notre conseiller de préfecture, pour ne désigner que les morts, confondaient leurs cœurs et leurs voix, redisaient leurs hymnes et leurs supplications, priaient et pleuraient devant le Dieu méconnu du Tabernacle. Heures délicieuses, retraites embaumées qui avez vu ces chérubins terrestres, révélez à notre jeunesse actuelle trop éprise de faciles plaisirs et si lâchement blasée, quelques rayons de leur ardeur fraternelle pour les déshérités de la terre, et de leur sublime passion pour l'Eucharistie !

Ne croyez pas que ce vol séraphique d'Hector en fit un solitaire contemplatif. S'il se réfugie près de Jésus, il ne veut pas être l'égoïste propriétaire de ses trésors spirituels; il a faim de les verser autour de lui; il sait, que sous les dehors étincelants de la vie mondaine, il y a plus *de paupérisme* réel que dans les abris de la misère. L'indigence et la légèreté des âmes l'émeuvent et sollicitent son zèle. A la fleur de l'âge, dans l'éclat du succès, au sein de l'élite patricienne de sa cité, il exerce, ce qu'on a nommé spirituellement, l'*apostolat du salon;* il est homme du monde, il y prêcha discrètement l'Évangile. Ce périlleux apostolat exige presque la pureté de l'ange, ange présent toujours et pas toujours visible : tendre une main secourable à des consciences en détresse, arracher des âmes superficielles à l'illusion d'un bonheur factice; lancer un mot incisif, une sentence pénétrante dans le tourbillon des fêtes, Hector sut accomplir ce prodige avec le sens chrétien et le tact exquis de la plus chaste charité. Plus d'une âme agitée alors, maintenant paisible dans la solitude et la mortification du cloître, doit, à la rencontre du conseiller de préfecture, de n'être pas restée une Samaritaine et d'être une heureuse épouse du Seigneur Jésus. Laïque, il se plaisait même à évangéliser les réunions de jeunes gens; il apparaissait dans les associations de jeunes filles; il les encourageait à la vertu, il les faisait prier et tous priaient ensemble; il leur suggérait des pratiques de zèle et d'austérité, souvent héroïques; on l'écoutait avec émotion, on cédait à ses conseils ; le respect humain était brisé et la lâcheté naturelle était vaincue.

Tout lui souriait alors; les perspectives de la fortune s'ouvraient devant lui; plus d'un foyer voulait le fixer. Si parfois, les visions du monde passaient devant ses yeux, c'était un éclair, mais dans les profondeurs de son être, une voix secrète, l'appel fait à Samuel, le conviait à franchir les barrières terrestres et à monter dans un apostolat plus sérieux, par une immolation plus forte. Il ne fuyait aucun sacrifice; la fidélité quotidienne dans les petites choses, le préparait à une magnanime résolution. Le sacerdoce l'attirait; mais, comment faire accepter cette vocation, à une famille résistante ? à sa mère surtout, fière de ses triomphes, mère qui restait toujours son exclusive tendresse ?

Les confidences entre elle et lui furent déchirantes; depuis cet entretien révélateur, il fut surveillé, épié et gardé à vue. Ni les larmes, ni les supplications ne purent l'arrêter; il était de la race des âmes héroïques. Le séraphique pauvre d'Assise n'a-t-il pas jeté sa tunique aux pieds de son père, pour embrasser la folie de la croix ? Saint Thomas d'Aquin ne s'est-il pas dérobé aux étreintes de sa famille en pleurs ? Son doux et cher modèle n'a-t-il pas, au château de Thorens, dominé les sanglots de son vieux et noble père ? N'a-t-il pas, l'aimable apôtre de Chablais, dénué de tout secours humain, couru à la conquête des protestants ? Comme ces saints, Hector sut frapper un coup décisif ; suivre, sans regarder en arrière, Jésus qui l'appelle et les amis qui l'attendent. Il partit la nuit, ne s'arrêtant pas même à la gare de Tours où il redoutait d'être poursuivi et reconnu ; gagnant à pied la gare la plus voisine, il s'enfuit à Paris, et de là il se réfugie à Rome au Séminaire français. Les ressources lui manquent, il se réjouit d'être pauvre et de recevoir l'aumône de fraternelles amitiés.

Le voilà donc dans ce Séminaire romain et français de *Santa Chiara* fondé et béni par Pie IX ; asile sacré où se forment les prêtres du Seigneur à la piété et à la science. Là, sous la forte direction des fils du vénérable Libermann, nourri des savantes leçons des fils de saint Ignace, à l'ombre de la Chaire de Pierre, devant les ruines du passé et les horizons de l'avenir, au centre lumineux de la vie catholique, sur cette terre pétrie du sang des martyrs, le candidat de l'autel boit, à pleins calices, l'amour de Jésus-Christ, l'inviolable fidélité à l'Église et la dévotion à la Papauté. S'il étudie, à cette école intérieure, l'art de mourir au monde et à soi-même, il se plonge, avec une religieuse avidité, dans les arcanes de la science théologique. Ce que les entretiens du cénacle de la Sainte-Face lui avaient entrouvert, dans une pieuse intuition, la Somme de saint Thomas et les maîtres du Collège romain lui en manifestent les formules scientifiques. Plus tard, sa vie, sa doctrine et ses prédications substantielles et onctueuses porteront l'empreinte de son maître de Tours et de ses maîtres de Rome. Le séminariste fut discerné par de nobles personnages ; plus d'un prince de l'Église a pleuré sa mort prématurée. La Ville éternelle exerçait sur lui une religieuse fascination ; à travers les catacombes, les sanctuaires et les chefs-d'œuvre, à travers la grande figure de Pie IX, son cœur pur y voyait Dieu devenu citoyen de la Rome chrétienne, comme l'a chanté l'immortel poète d'Italie (1). Pie IX accueillit avec prédilection le fugitif du monde, le regarda et l'aima (2) ; près de ce cœur magnanime du Pontife de l'Immaculée Conception, il reçut quelques reflets des suavités et des énergies de saint Jean, le disciple bien-aimé.

La piété filiale envers le Siège Apostolique sera désormais la qualité maîtresse de sa vie; dans sa parole, dans sa prière et jusque dans ses vêtements les plus simples, tout devait respirer le parfum de Rome. Sa santé altérée n'arrête pas l'élan de son travail, il sera prêtre ! Le 19 mars 1856, dans la basilique de Saint-Jean de Latran, à la fête de saint Joseph, il reçoit l'onction sainte. Les anges de Tours, d'Agen et du Mans s'inclinent et le saluent prêtre pour l'éternité : *Tu es sacerdos in æternum !*

Il revient à Tours. Quel contraste encore ! Son éclat mondain a disparu sous l'austère livrée de la sainte Église. Ne croyez pas qu'il se prévàle de la science acquise à Rome, de ses hautes relations, de sa connaissance du droit, de ses services de magistrat, de son expérience du monde, afin d'obtenir une place d'exception dans son diocèse. Non, il ne songe qu'à une chose, être et se montrer véritablement prêtre, rester dans la main de l'obéissance, obscur ministre des autels, modeste serviteur des âmes. Il n'aspire à aucun privilège, il sera apôtre dans les voies ordinaires de la hiérarchie diocésaine. L'archevêque qui l'aimait lui destinait une fonction d'éclat ; il le conjure d'écarter cette bienveillance et il implore la faveur de rester inconnu et compté pour rien ; il accepte avec joie d'être nommé troisième vicaire de la cathédrale.

(1) Quella Roma, onde Christo è Romano. DANTE, *Purg.*, ch. XXXII.

(2) Intuitus est eum et dilexit. S. MARC, XX, 25.

Quelle vie féconde que celle d'un vicaire qui a l'intelligence de sa mission! Années heureuses et douces du noviciat pastoral que le zèle des âmes anime, et que l'obéissance préserve des témérités. Dans ce poste que le monde regarde comme subalterne, mais que Dieu bénit, où les occupations sont incessantes, variées, quelquefois laborieuses et pénibles, l'abbé d'Outremont se fait tout à tous; malgré sa santé affaiblie par le climat de Rome, faisant *sa semaine comme ses collègues*, prêchant et présidant les cathéchismes à son tour, il se montre à l'égard de tous, gracieux, obligeant, prêt à rendre service dans les moindres choses. L'amour des âmes, dont il fut enflammé, n'étant que simple laïque, s'empara plus vivement de cette nature généreuse, active, éminemment sacerdotale. La direction, les actes de miséricorde et de zèle, la visite des malades, les soins des moribonds eurent alors ses prédilections. Il avait surtout le don du discernement et du bon conseil, pour les fidèles de tout rang, de tout âge qui recouraient à lui. Il ne perdait de vue aucune de ces âmes; il les suivait avec constance et intérêt, saisissant toute occasion de leur être utile et de leur dire les paroles du salut; le confessionnal, les allocutions dans les réunions de piété, les cercles et les communautés, où partout il était invité et goûté, lui servaient à prêcher la douceur de la vie chrétienne. Retraites de pensionnats et de jeunes ouvriers, instructions paroissiales, il embrassait tout, il acceptait tout, s'appropriant la devise gracieuse de saint François de Sales : « Il m'est plus facile d'accorder que de trouver des prétextes pour refuser. » Cet amour des âmes, qui l'a si fortement caractérisé, était aussi actif et intelligent que surnaturel et désintéressé; il s'y livrait sans arrière-pensée, uniquement en vue du bien, ne songeant qu'à la gloire du Seigneur et au salut de ses frères. Sauf quelques petites hostilités jalouses, tous lui appliquaient la parole des Livres-Saints : *Zelus domus tuæ comedit me*. Son zèle pour la sanctification et le progrès des âmes était un feu d'une activité dévorante. — Elles sont nombreuses à Tours, les âmes qui lui doivent leur vocation religieuse, ou une impulsion définitive dans les voies de la perfection chrétienne.

En présense d'une dépense de lui-même si spontanée et si féconde en heureux résultats, l'autorité diocésaine déchargea le pieux vicaire du ministère paroissial, le nomma chanoine honoraire, pour le laisser à la liberté de son initiative. Il put dès lors se livrer tout entier à son attrait et à ses aptitudes pour les œuvres. Il organisa ces catéchismes de persévérance, si précieux pour la jeunesse de la ville ; il avait de ravissantes et pieuses industries pour en assurer les fruits ; et la cité se souvient toujours de ces fêtes de la jeunesse dans la chapelle provisoire de Saint-Martin. Ses exhortations et ses discours unissaient au charme un caractère de chaleur et d'entrain ; c'était l'éloquence du cœur et de l'à-propos. Il excellait à tirer un merveilleux parti de la sainte Ecriture qu'il commentait d'une manière neuve, heureuse et pratique ; il faisait jaillir des aperçus et des points de vue lumineux et inattendus. Un jour qu'à la cathédrale il avait émerveillé son auditoire sous ce rapport, ses amis le félicitaient : « C'est, répondit-il, une science que j'ai apprise à l'école du saint homme de Tours : quand je dois parler en public, il me revient à la pensée une foule de commentaires et de rapprochements qu'il faisait devant moi, lorsque je conversais avec lui dans son salon, en face de la sainte Bible ouverte sur son grand pupitre, et qu'il me faisait pénétrer dans les choses de Dieu, au moyen du texte sacré. »

Ainsi nourris de la sève de la sainte Écriture, les sermons de l'abbé d'Outremont avaient un accent de conviction et de foi profonde qui saisissait les esprits et enlevait les cœurs. La distinction de son geste, ce visage souriant, révélateur de son âme, son air affable servaient les accents de sa foi, et complétaient l'autorité de ses discours. C'est bien le sage, dont l'Écriture sainte a dit « qu'il sait se rendre aimable dans ses paroles (1) ».

Les années de ce noviciat pastoral furent aussi fécondes que brillantes ; Mgr Guibert, juste appréciateur de son mérite, le nomme Vicaire général aux applaudissements de tous. La bonne

(1) Sapiens in verbis se ipsum amabilem facit. *Eccl.*, xx, 13.

part lui reste, elle ne lui sera point ôtée, il présidera toujours le service de trois tabernacles où prient, souffrent, travaillent, Jésus outragé dans son sanctuaire, ses épouses volontairement crucifiées dans le cloître, et les malheureux, vivante image de l'immolation de Nazareth.

Il entre dans le conseil de l'administration, dans cette étude minutieuse et nécessaire des hommes et des choses, dans cette direction ferme et tranquille qui protège les monuments sacrés, garde la discipline, désire l'accord entre les pouvoirs et cherche les appuis solides pour affermir la dignité sacerdotale, maintenir son action surnaturelle, sans briser le roseau à demi-rompu, ni éteindre la mèche qui fume encore. L'administration du diocèse est pour un Evêque « la sollicitude du jour et la préoccupation de la nuit (1) » ; l'archevêque de Tours avait l'heureuse fortune de se choisir des conseillers intelligents et sincères ; il disait de deux d'entre eux, l'un savant, ferme, perspicace, destiné à l'Eglise de Rodez (2) et l'autre qui fut votre Père : *Oportet illos crescere !*

Il vous est facile de lire les desseins de la Providence, de saluer, dans ces préparations merveilleuses, l'aurore d'un magnifique épiscopat.

Oui, il sera un pontife selon le cœur de Dieu, il a été formé à l'école de la croix et à la science des âmes, il a grandi dans cette sublime et redoutable position du prêtre vivant au milieu du monde et n'étant pas du monde, redevable à tous et n'ayant le droit de se refuser à personne, appelé à guérir des plaies qu'il doit ignorer en lui-même, prompt à voler où toute souffrance l'appelle, montant à l'autel du Dieu vivant pour écarter les foudres de sa justice, de là descendre, charitable samaritain, vers les hommes tombés, pour faire luire à leurs yeux les rayons de la miséricorde. Vous pleuriez un Père, quand le doux et savant Pontife Mgr Fillion se coucha dans sa tombe ; chantez un

(1) Curis perpetuis obtunditur, tum diurnis, tum nocturnis. S. JOAN. CHRYSOST. *Homil.* III super Acta Apostolorum.

(2) Mgr Bourret.

Te Deum, saint Martin vous réserve de le faire revivre dans un de ses fils. Il vous arrivera du sein des tempêtes, vous apportant les vœux du Sauveur : Que la paix soit avec vous : *Pax vobis !*

Saint Martin avait, de son temps, donné saint Victor à vos pères pour les guider et les bénir (1) ; du haut du ciel, il vous protège et vous amène un bon Pasteur.

(1) Saint Martin déclara au clergé et au peuple que le Saint-Esprit lui avait révélé que le sous-diacre Victor était celui que le ciel destinait à la dignité d'Évêque pour l'Église du Mans. — Ipse Pontifex sanctus Martinus... tradidit illi Pontificalem honorem. *Acta s. Victoris*, 4. 7. — *Histoire de l'Église du Mans*, par Dom Piolin, t. I, 77-80.

II

L'abbé d'Outremont était vraiment prédestiné à l'épiscopat; l'opinion publique le désignait, les desseins de la Providence étaient transparents; bientôt il allait recevoir la plénitude entière du sacerdoce. Si cette redoutable dignité a toujours effrayé les saints, quelles alarmes n'offrait-elle pas à cette heure sombre de l'Église et de la France?

Le Concile du Vatican était suspendu, le chef de l'Église captif dans son palais menacé, la liberté religieuse blessée au nord de l'Europe; de tristes symptômes présageaient aux Évêques les routes ardues et bonnes de l'exil et de la prison.

La France, sous le coup de la justice de Dieu, s'inclinait comme un navire dont la tempête brise les mâts et déchire les voiles; ses grandeurs détruites, ses cités en feu; les monuments s'écroulant sous les flammes; des défaites que le courage et le patriotisme sont impuissants à conjurer; l'invasion étrangère sur son sol sanglant et mutilé; la guerre civile plus terrible encore; la capitale épouvantée autant de ceux qui l'assiègent que de ceux qui la défendent; les chefs politiques abrités dans une demeure épiscopale, près du tombeau de saint Martin, tandis que le couronnement du vainqueur s'accomplit à Versailles en face des splendeurs déshonorées de Louis XIV; *les remèdes de tous côtés plus dangereux que les maux,* pour emprunter le langage de Bossuet, voilà les leçons terribles que Dieu donne aux souverains et aux peuples aveuglés. Ne semble-t-il pas que la voix prophétique du livre des Machabées rappelle sa mission à la fille aînée de l'Église et relève ses espérances? Ces lamentables événements se sont produits *non pour la mort, mais pour la correction de notre génération* (1).

(1)... Reputant ea, quæ acciderunt, non ad interitum sed ad correptionem esse generis nostri. II. *Machab.*, cap. VI.

Avons-nous compris les signes divins? Les yeux se sont-ils ouverts? les rudes épreuves ont-elles éclairé et relevé les âmes? Hélas! un tableau vrai de nos malheurs a été fait par deux hommes qui ont pesé sur les destinés de la France. Entendez ces accents du passé, triste physionomie du présent : « Il fallait détourner les yeux d'un passé souillé de sang et de boue; ne s'étonner de rien, *nil admirari,* ni des changements de maîtres, ni des changements des rôles, ni des murmures, ni des adulations, ni des servilités populaires ; il faut glisser sur tout pour ne rien heurter, ne jeter sur les choses qu'un regard superficiel et dédaigneux, de peur d'arriver à l'horreur ou au mépris, et ne prêcher aux hommes que cette sagesse insouciante et facile, cet épicuréisme de la raison qui ne donne point de remords à la servitude, point d'ombrage à la tyrannie ; qui se venge de tout par le léger sourire de l'ironie, amuse l'indifférence, console la faiblesse, excuse la lâcheté, et, dont le vice s'accommode comme la vertu... La littérature abaissée chante les grâces insouciantes, dans les banquets des maîtres du monde ou dans les saturnales populaires ; une sympathie secrète les attache à toutes les tyrannies; car ces poètes amollissent les hommes, pendant que les sophistes les corrompent et que les tyrans les entraînent (1). » « J'ai rencontré partout deux faits, disait un homme de valeur incontestée, partout les mêmes : une grande complication et une grande incertitude dans les idées et dans les efforts. Rien n'est simple; personne n'est décidé. Tous les problèmes et tous les doutes pèsent à la fois sur la pensée et sur la volonté. L'ambition est immense et infiniment variée ; l'hésitation est générale. On dirait des voyageurs déjà très las et qui cherchent à tâtons leur route dans leur labyrinthe (2). »

C'est bien la peinture de l'état des esprits; la raison en est simple : les sociétés n'ont plus voulu de doctrines; elles ne placent que des intérêts à la base de leur vie et de leurs progrès ; les politiques n'ont plus de principes et ne vivent que d'expédients; de là le scepticisme des intelligences et la mollesse des volontés. Toutefois

(1) Lamartine. Discours de réception à l'Académie française.
(2) Guizot.

il y a des hommes qui savent ce qu'ils veulent : ce sont ceux qui tentent l'organisation sociale publique, préparée dans l'ombre des sociétés secrètes. La lutte est précise ; c'est à savoir qui l'emportera, dans le gouvernement des hommes, de la Cité de Dieu ou de la cité du mal.

Les catholiques ne peuvent pas se tromper à ce moment terrible ; pour sauver leur foi et défendre leurs droits, ils ne doivent plus compter que sur Dieu et sur eux-mêmes. Les lois civiles les abandonnent et souvent même les enchaînent ; l'atmosphère des idées en vogue, l'opinion publique cherchent à les rendre impopulaires. Mais les luttes doivent raffermir notre espérance et nous consoler. Toutes les grandes manifestations de la vérité catholique ont été précédées et préparées par ces grandes explosions de l'erreur et du mal ; ne craignons pas son audace croissante et sachons entrevoir à des symptômes consolants l'aurore de l'unité catholique qui s'approche. Les déchirements du monde ne sont souvent que les sillons bénis dans lesquels Dieu sème la résurrection des âmes.

L'indifférence est un sommeil qui présage la mort ; mieux valent ces agitations ardentes qui passionnent les esprits, et les soulèvent au-dessus de l'agiotage et des plaisirs.

L'abbé d'Outremont ne se sent ni effrayé, ni découragé de cette situation nouvelle : il croit à l'Église et espère en la France.

C'est devant cet affreux spectacle, en face de cet orage qui agite l'Église, ébranle la France jusque dans ses fondements, que la dignité de Pontife lui est offerte : en acceptant, il dit avec saint Paul et saint Martin (1) : Je ne refuse ni la tribulation, ni le travail. Dieu entoure son élection de maternelles sollicitudes, afin qu'un jour sur les cimes du Calvaire épiscopal, il ait la joie d'être l'écho de saint François de Sales : Je n'ai jamais demandé qu'une chose au Seigneur, faire sa volonté... : « *La volonté de Dieu est le bon plaisir de mon cœur.* » Ni les brigues, ni la faveur n'ont eu de part à son élection ; il a été cherché par l'honneur et n'a pas cherché l'honneur ; il est entré dans l'épiscopat, par la porte

(1) Tribulationes me manent. *Act.* xx, 25.

sacrée de la vocation divine (1). Destinée consolante qui apporte la paix et la force, sous le poids des plus lourdes responsabilités et des devoirs les plus difficiles.

Votre Évêque ne pouvait donc douter de l'appel divin; car Dieu écrivait sa ligne droite à travers les lignes courbes de l'homme. La tempête avait apporté un Fils d'Israël auprès de l'Archevêque de Tours; le ministre de France recevait l'hospitalité du successeur de saint Martin. Quel successeur ! Pontife austère et doux, à la vie de cénobite ; à l'inaltérable sérénité et aux labeurs incessants, physionomie des évêques du VIIe siècle, avec l'intelligence des temps nouveaux, colonne debout au milieu des ruines, conseiller de la papauté, appelé à mêler sa vie aux fastes religieux de la France moderne. Humble Oblat de Marie, formé à Notre-Dame de la Garde, enveloppé des souvenirs de saint Lazare et de sainte Madeleine, missionnaire dans les Alpes, évêque bénissant les sillons rajeunis de saint Jean-François Régis, pontife dont le bâton pastoral retrouve le tombeau de saint Martin et trace les plans de la basilique future, hardi créateur du sanctuaire de Montmartre, conduit par sainte Geneviève sur le siège de saint Denys, empourpré du sang des martyrs, sa main épiscopale consacre l'église de Lourdes et couronne Notre-Dame de la Salette; voilà le prophète, l'Ananie qui dira à son prêtre les mots de la Providence : « Monte plus haut et sois un vase d'élection pour l'Église et pour la France (2). »

L'abbé d'Outremont ne fut pas trop surpris de son élévation. On raconte que le Vénérable curé d'Ars lui avait fait entrevoir ce périlleux honneur. Me permettez-vous d'ouvrir son cœur, et de vous faire entendre une de ses naïves confidences échappées dans l'intimité ? « Je n'ai jamais désiré être Évêque, disait-il, et je n'ai « rien fait dans ce but, seulement j'avoue que j'ai eu un moment « de satisfaction, quand Mgr Guibert m'annonça que j'étais nommé « à Agen ; cela ne dura pas longtemps ; en rentrant chez moi, je

(1) Non honorem prosecutus, sed ab honore quæsitus..... nec humano favore, sed divinitus et Dei gratia sacerdotium consecutus. — S. GREG. NAZIAN. *Orat.* XLVI.

(2) Tradidit illi Pontificalem honorem. (*Acta sancti Victoris*, Mém. 7.)

« me jetai à genoux, je demandai pardon à Dieu d'avoir éprouvé « cette joie, qui n'était peut-être pas exempte d'amour-propre, et « immédiatement, je demandai aussi dans ma prière que mon épis- « copat fut très douloureux, et que j'y eusse beaucoup à souffrir, si « cela était nécessaire pour expier ce premier mouvement. » Un mois avant sa mort, le pieux Évêque revenant sur ce souvenir, ajoutait à son ancien confident : « Dieu a bien exaucé ma demande ; « autant j'ai été heureux et calme à Tours, pendant les années où « j'ai exercé le saint ministère, autant mon cœur a été torturé, « depuis mon élévation à l'épiscopat. J'ai trouvé des douleurs « intimes ; j'ai rencontré des peines cuisantes où je crois qu'un « autre n'eût trouvé que le bonheur. » Il ajoutait alors avec humilité . « Peut-être est-ce ma faute ; peut-être aussi, Dieu a-t-il « daigné exaucer la prière que je lui fis au seuil de mon épis- « copat. »

Quoi qu'il en soit du plan divin sur lui, il est incontestable que l'Évêque, jaloux d'écarter les compromis, les concessions d'un Évangile mondanisé, avide de sauver les âmes par l'éternelle folie de la croix, aura le sort de son Maître, et que le martyre obscur de tous les instants, féconde toujours les semences de la parole sainte.

Ce fut encore le 19 mars, sous le patronage de saint Joseph, quinze ans après son ordination sacerdotale, que l'Archevêque de Tours fait couler l'onction sainte sur le front du jeune pontife ; les évêques du Mans et de Périgueux, ces deux lumières du Concile, croisent leurs mains sur le guide spirituel qu'attend avec impatience l'église d'Agen, veuve depuis longtemps. Ce n'était qu'un noviciat, destiné à lui donner encore plus de maturité ; et quel noviciat ! Je serai ici l'écho de celui qui a recueilli son héritage et qui, après avoir continué ses labeurs, va bientôt porter, sous les voûtes de Sainte-Cécile d'Alby, les ardeurs d'un épiscopat rajeuni (1).

« Vous n'avez point oublié, écrit-il, le zèle infatigable que

(1) Renovabitur sicut aquilæ juventus tua. *Ps.* 102, v.

« Mgr d'Outremont déploya dans son court ministère au milieu de « vous. Les campagnes comme les cités en ont été les témoins et « en conserveront longtemps le précieux souvenir. Il a visité, en « quelques années, plus de quatre cents paroisses, avec une ardeur « qui ne s'est jamais démentie. Il avait hâte de tout savoir, pour « mieux connaître son troupeau et plus sûrement le gouverner, « réalisant à la lettre la devise du bon pasteur, qui est de se dé- « penser sans calcul et sans mesure, pour la formation des âmes, « leur progrès, leur sauvegarde et leur salut » (1).

A l'exemple de saint Paul, il se sentait débiteur envers tous (2). C'est dans ce sentiment qu'il alluma la flamme de son apostolat, qu'il puisa les trésors de ses enseignements et de ses conseils, et qu'il trouva le secret de sa haute direction.

Pie IX qui aimait l'église du Mans et qui l'aimait, Pie IX, lecteur assidu des pages de l'Hilaire des temps nouveaux, connaissait l'éloquente supplication échappée des lèvres de Mgr Pie, alors que vous pleuriez sur le cercueil de Mgr Fillion. « Que Dieu vous « accorde, s'écriait-il, un Évêque qui vous aime autant qu'il « vous a aimés, un Évêque appelé visiblement de Dieu comme « lui, pour continuer de donner la science du salut à son peuple ! » Il n'a pas trompé vos espérances ; vous avez été les témoins de son zèle infatigable, de ce feu divin qui lui inspirait des œuvres fécondes, le service de l'Eglise et la sanctification des âmes.

Les œuvres !

La sainte Eglise !

Les âmes !

N'est-ce pas ce qui a épuisé ses forces, dévoré son existence et consumé une vie qui semblait devoir se prolonger longtemps encore ?

Son histoire désormais va s'écrire sur votre sol !

Il n'ignore pas cette loi dictée par l'Esprit-Saint aux directeurs des peuples : « Connais le visage de ton troupeau et considère avec

(1) Lettre circulaire de Mgr Fonteneau, évêque d'Agen.

(2) *Corinth.*, XII, 15.

(3) *Rom.*, I, 14.

soin tes brebis (1). » Aussi il ne tarde pas de parcourir les villes et les campagnes de son beau diocèse, écoutant ses prêtres, bénissant les petits enfants, joyeux de ses prédilections, ne fuyant aucune fatigue, pour répondre au filial enthousiasme d'un peuple avide de le voir et de l'entendre, disant à tous le mot du salut, charmant les riches et les pauvres par l'aménité de son caractère. Vos religieuses populations garderont longtemps le souvenir de cette douce figure, reflet de son âme angélique (2); image de Jésus Bon Pasteur, passant à travers la Judée en faisant le bien.

Sa prodigieuse activité, sa bonté attrayante et communicative, cette charité prodigue jusqu'à l'imprudence, ce don de sa bourse toujours ouverte, de ses forces que le zèle rajeunit, de son cœur à tout ce qui pleure, voilà la vie de votre Évêque, dans votre cité et dans ses visites pastorales.

Il m'est difficile de résumer même à grands traits, tous les prodiges de son inépuisable charité. Que de services rendus à l'indigence; que de largesses répandues dans l'ombre; que de familles pauvres qu'il a préservées de la ruine; que de ménages d'ouvriers il a arrachés à la misère! Nul mieux que lui n'avait cette bonté paternelle, cette modestie qui cherchait à se faire pardonner de donner, ce besoin de cacher ses bienfaits; sa main droite ignorait les dons de sa main gauche, et il versait ses aumônes avec tant de délicatesse, qu'il faisait croire qu'en acceptant ses libéralités, on lui rendait service à lui-même. Ce que tous connaissent, c'est qu'il dépensait son patrimoine en bonnes œuvres, s'ingéniant à cacher les merveilles de sa charité.

Vous vous rappelez, avec quelle grâce exquise, il visitait les vieillards des Petites Sœurs des Pauvres; comme il se plaisait à les évangéliser, à leur donner Jésus-Christ dans les joies de la communion pascale; puis, dressant à ses frais la table hospitalière du réfectoire, ceignant ses reins d'un modeste tablier, le doux Évêque se faisait le serviteur de tous, dans ce nouveau Cénacle.

(1) Agnosce vultum pecoris tui et greges tuos considera. — *Prov.*, XXVII, 23.

(2) Facie angelicus, magis angelicus animo. — S. GREG. NAZIAN. *Orat.* 21, in laudem funeris S. Athan. Mag., n° 9.

Ces traits charmants de sa charité sont racontés dans les familles et rappellent la popularité de Fénelon à Cambrai.

Laïque fervent, prêtre infatigable, il suscitait des hommes et des institutions; que ne fera pas l'Évêque pour ces auxiliaires, utiles toujours, mais plus que jamais nécessaires, lorsque la moisson blanchit, et que les ouvriers sont peu nombreux? Sur les terres fertiles, ensemencées par saint Julien, toutes les œuvres prennent racine et s'épanouissent au soleil de votre foi. Les apôtres des missions étrangères, les servantes des pauvres, les sœurs des écoles, tous les dévouements fleurissent dans votre atmosphère chrétienne. Votre Évêque était pour tous le guide sûr, l'ami constant, le conseiller et le protecteur. Il sut vous inspirer de nouvelles fondations : cette banque populaire, création d'un fils ardent de saint François d'Assise qui unit dans son âme l'amour de la pauvreté à l'intelligence des pauvres, les cercles d'ouvriers dont il plaidait la cause dans les brillantes chaires de Paris, lui doivent leur vie au millieu de vous; il comprit bien vite le secours providentiel de ces associations qui arrachent les classes riches au froid de l'égoïsme et de l'indifférence, et qui révèlent à l'ouvrier les noblesses du travail et la loi féconde de la solidarité chrétienne. Soucieux de rétablir la paix et l'union sociale, sur les bases de la justice trop méconnue et de la charité trop oubliée, il conviait les hommes de fortune et de naissance à se grouper autour de lui, pour ne laisser aucun mal sans remède, aucune infortune sans soulagement, aucune douleur sans espérance. Ce fut sa joie, et c'est aussi votre honneur qu'il ait trouvé, dans ses prêtres et parmi vous, ces légions généreuses toujours prêtes à le suivre sur les champs de bataille de la charité. Son zèle ne s'arrêtait pas devant ses succès; il sait que le pain matériel n'est pas tout pour son peuple; il crée un Comité bibliographique qui arrache les esprits aux lectures malsaines, et les élève dans les splendeurs du vrai et du beau. Il organise votre phalange catholique pour la défense des intérêts religieux et sociaux; il forme un faisceau des hommes de foi, de science et de courage, élite vaillante qui sert de rempart pour la défense et la vie des œuvres chrétiennes. Dans ces conflits modernes où sont en jeu les droits sacrés de la famille, le zèle de votre Pontife ne pouvait ni se taire ni rester inerte. Ses prodigalités sans mesure, et sa parole sans repos, donnèrent à vos écoles libres, ce magnifique développement que beaucoup de diocèses vous envient. Avec quelle fierté, il parlait de ces chères familles religieuses, des Frères des Écoles chrétiennes, des filles de Saint-Vincent de Paul, et de vos admirables sœurs de Ruillé et d'Évron ; il les soutenait dans leurs épreuves, et jouissait de leurs bienfaits.

A quoi bon m'attarder dans une statistique incomplète? Est-ce que de vos églises, de vos abris de la souffrance et des orphelins, est-ce que des points les plus extrêmes du diocèse, ces floraisons innombrables et merveilleuses ne proclament par l'ardeur persévérante de son zèle sans cesse renouvelé ?

Est-il besoin de vous parler de son amour pour la sainte Église? Il se sentait honoré d'être à votre tête, et de guider un clergé qui avait eu la place d'honneur, dans les solennelles assises de la chrétienté. Le Concile du Vatican qui sera la grande œuvre de ce siècle, dominant les gloires militaires de ses premières années et les révolutions de son déclin, cette glorieuse assemblée lui paraissait une bénédiction de choix pour son diocèse; il savait la haute influence que son prédécesseur, votre compatriote et votre Évêque avait exercée, il savait le témoignage décisif et incontesté que votre illustre fils, le restaurateur de Solesmes avait apporté aux grandeurs du pontificat suprême. Souvent, vous avez tressailli aux accents de Mgr d'Outremont vous parlant de l'Église et de son chef infaillible; il faisait circuler dans vos âmes sa foi, ses tendresses, ses ardeurs, cette passion pour l'Église grandissant en son âme avec les persécutions qui la menacent (1).

Aussi, avec quelle prévoyante sollicitude il s'occupait de son clergé. Jaloux de le former d'après les règles précises du saint Concile de Trente et non d'après les systèmes modernes, il tenait à ces écoles des jeunes clercs où se façonnent les futurs élèves du

(1) Voir sa Lettre Pastorale sur le Bonheur d'appartenir à l'Église.

séminaire. Dans cet asile sacré de la piété et de la science ecclésiastiques, il tenait à faire régner le sens catholique et sacerdotal. Les documents pontificaux lui servaient de règle; c'est dans ce royal trésor, dans ces encycliques délaissées par les chrétiens, trop souvent oubliées dans le sanctuaire, qu'il puisait les directions, avide de nourrir son clergé des lumières et de la piété romaines. Il s'écriait avec saint Jean Chrysostome : « Un sacerdoce orné de vertus et de doctrines, c'est l'Église florissante (1). »

Après le service des pauvres auprès desquels il se délassait, ses joies étaient au milieu des candidats du sanctuaire; imprimant l'élan à leurs études, excitant une noble émulation, prenant part aux joûtes théologiques, révélant sa connaissance des Saintes Lettres, la rigueur précise de son orthodoxie, il étonnait les maîtres eux-mêmes par l'étendue et la fermeté de son esprit.

Quand Léon XIII, ce Pontife qui de haut (2) voit les périls de notre siècle, les dénonce et nous en indique les remèdes, appela le sacerdoce à se retremper aux sources du Docteur Angélique, votre Evêque eut à cœur d'être docile (3). Saint Thomas, comme on l'a dit avec bonheur, c'est, sous des formules nettes et sèches en apparence, l'éloquence de la lumière. Le P. Ventura aimait à répéter: « C'est avoir du génie que de le comprendre » (4).

Votre clergé, M. T. C. F. a depuis longtemps l'insigne faveur d'être nourri de la moelle théologique la plus pure et la plus substantielle. Plaise à Dieu qu'à l'avenir ces traditions se perpétuent sans ombre et sans faiblesse !

Nous ne devons pas l'oublier, les caractères fléchissent, les âmes s'abaissent, les hommes manquent, parce que les vérités sont diminuées. L'abandon des fortes études théologiques, même chez

(1) Si sacerdotium integrum fuerit, tota Ecclesia floret. S. JOAN. CHRYSOST. *Homil.* XXXVIII, *super Matth.*

(2) Spiritu magno ultima vidit. *Eccli.*, XLVIII, 27.

(3) Oportet servum Dei esse docibilem. S. PAUL. *II^a ad Tim.*, II, 24.

(4) Mgr d'Outremont consultait les éminents Cardinaux Pecci et Zigliara sur les études de son séminaire.

les laïques, est la cause des erreurs et des maux sans nombre qui nous mènent aux ruines. L'erreur fait plus de mal que le vice. Le grand danger vient des sophistes, qui se font une renommée, en donnant une forme entraînante à l'erreur.

Il faut donc proclamer la vérité « sans finesse ni stratégie habile (1) ».

Les adversaires de l'Église se vantent souvent de leurs conquêtes intellectuelles, ils accusent le clergé de rester attardé dans les langes d'une science juvénile.

Il serait aisé de répondre à ces étranges reproches : nous sommes allés aux âmes pour les sauver ; qu'on nous laisse la liberté de nos fondations, bientôt le clergé reprendra sa place.

Nous pouvons, avec un grand Evêque, vous répondre encore : « Il faut semer et laisser mûrir le grain avant de moissonner ; l'ère des apôtres a toujours précédé celle des docteurs.

« Mais si nous voulions user de représailles, ne pourrions-nous pas nous retourner vers ceux qui nous accusent d'ignorance, et leur demander à notre tour avec le Prophète : Où sont vos hommes éminents dans les lettres ? Où sont vos profonds moralistes ? Où sont enfin vos grands docteurs dans les sciences (2) ? Les trouve-t-on dans cette tourbe d'orateurs de toute espèce chez qui la loquacité prétentieuse et intarissable tient lieu d'éloquence, ou parmi cette foule d'écrivains qui se font remarquer par leur ton dogmatique et tranchant, à l'encontre de la sagesse de tous les siècles (3) » ?

Voilà pourquoi votre Evêque comprenait ces hardies et nécessaires créations des Universités catholiques, ces foyers de lumière qui apportent aux sciences des clartés qui les guident, et des remparts qui les protègent ! Là, s'élèvera un clergé digne de succéder à nos pères qui ont civilisé le monde, là, grandira une élite d'hommes, capables d'unir à l'humilité de la foi les conquêtes

(1) Lettres de Leplay.
(2) Isaie, xxxiii, 18.
(3) S. E. le Cardinal Guibert.

de la science. Votre Evêque saluait avec enthousiasme ce beau mouvement de la France chrétienne, ces magnifiques tentatives de constructions, au sein de nos orages.

Il fut l'ami généreux et fidèle de son illustre Frère, l'Evêque d'Angers, ce pontife aux puissantes initiatives, tout à la fois éloquent orateur de la chaire chrétienne, défenseur indomptable des droits de l'Église et de l'honneur de la France. Néhémie des temps nouveaux, d'une main, il tient l'épée de la parole et de l'autre il travaille au relèvement des murailles de la cité de Dieu. Vous applaudirez cet accent de mon admiration reconnaissante, qui s'échappe de mes lèvres et de mon cœur vers l'intrépide athlète; souvent il m'abrita aux heures de l'exil; croyez qu'au delà de vos frontières, nous ne savons qu'exalter le plus, de sa grande parole ou de ses grandes œuvres.

L'amour de l'Eglise inspirait à votre Evêque des prédilections pour les tabernacles des justes, pour les maisons religieuses ; sous des bannières diverses, elles multiplient les prodiges d'austérité, de savoir et de vertu, et font fleurir quelques-unes de ces anciennes institutions monastiques, jadis la couronne et le paratonnerre de vos cités. L'hospitalité française impose à mes lèvres une prudente discrétion; mais il est impossible d'oublier un acte de la magnanimité épiscopale qui rappelle saint Basile de Césarée en face des agents de Valens. « En toute autre affaire, ô magistrats, on nous trouve accommodants et de facile composition, mais quand c'est la cause de Dieu qui est en jeu et son drapeau qui est engagé, nous nous levons alors, et, comptant pour rien tout le reste, nous ne voyons plus que Dieu, sa cause et son drapeau (1) ». C'était l'heure où la pauvreté volontaire, l'immolation et le sacrifice devenaient un crime, c'était l'heure où le détachement austère au milieu de votre luxe effréné et en face du socialisme croissant était regardé comme un péril (2), où les disciples stu-

(1) Cœteris quidem in rebus, o præfecte, mansueti et placidi sumus..... verum ubi Deus periclitatur et proponitur, tum demum alia omnia pro nihilo putantes, ipsum solum intuemur. GREG. NAZ. in Basil.

(2) Trepidaverunt ubi non erat timor. *Ps.* 13, v.

dieux de saint Benoît, où les fils vaillants de saint Ignace et quelques fils de saint François d'Assise, ces vivantes images du crucifié, ces consolateurs populaires, devaient s'éloigner de leurs cellules aimées; votre Evêque à l'aube blanchissante était là debout, protégeant les victimes et emportant dans ses mains la liberté de la croix! Vous étiez près de lui, foule frémissante, jetant des fleurs, semant des couronnes, et montrant à la France émue cette antique alliance du peuple et de l'Église, au pied du Pauvre de Nazareth et du crucifié du Calvaire.

Il me reste encore à pénétrer dans le sanctuaire de l'Église, à contempler votre Évêque, voué sans cesse à un apostolat moins visible mais plus fructueux, à étudier cette action forte et suave, dans le ministère des âmes; c'est là qu'il a épuisé ses forces et abrégé sa vie à éclairer des esprits qui doutent, ramener à la grâce divine des consciences coupables, perfectionner les âmes et les faire monter dans les ascensions de l'Esprit-Saint : ce fut la noble et apostolique passion de votre pieux Évêque. Les âmes, qui donc en a souci? Ah! la sainte Église consent à tous les dépouillements, elle subit toutes les épreuves, mais sur les chemins de la souffrance elle ne les abandonne pas! elle s'écriera toujours: « *Da mihi animas, cætera tolle tibi*; donnez-moi des âmes, emportez tout le reste..! » Cette flamme ne s'éteindra pas même sous l'accablement de la maladie; ni les conseils de la famille ni ceux de l'amitié n'ont pu l'arracher à ce laborieux et consolant ministère de la direction. Le monde sourit à ce nom de *Directeur* que trop souvent l'ignorance, la malice outragent; parfois l'engouement puéril et d'intempérantes curiosités ont pu abaisser sa divine mission; mais y a-t-il rien ici bas de plus sublime et de plus délicat, que de guérir les âmes flétries et apaiser les consciences agitées, les transfigurer dans la paix et la sainteté? Il avait de merveilleuses aptitudes pour la direction des consciences; une intuition rapide lui en révélait les impressions, les faiblesses et les élans; avec un tact délicat et, j'ose le dire, avec un diagnostic habile, il les élevait au-dessus d'elles-mêmes. Que de fois des natures très imparfaites furent guidées par sa douce fermeté, sur les cimes de la profession religieuse. Tous accouraient à son confessionnal; le cortège des pauvres et des riches se pressait autour de lui comme jadis auprès de saint François de Sales, tous étaient accueillis avec la même exquise paternité, tous se retiraient convertis, consolés ou fortifiés. Il éprouvait une compassion pour les femmes chargées des dons périlleux de la fortune, exposées aux insignifiances de la vie frivole, à la fascination des idées fausses, et qui trop souvent deviennent les séduisantes auxiliaires des passions et de l'erreur.

Comme saint Jérôme dirigeant sainte Marcelle (1) et l'amenant à être un des meilleurs appuis de la vérité contre l'Origénisme, comme saint Laurent Justinien (2), cette gloire des pontifes, se dévouait à former les grandes dames de Venise à la perfection chrétienne, votre prélat, au zèle infatigable et prudent, se dépensait à donner, à l'élite de votre société, ce caractère d'une vie chrétienne, ce sens surnaturel, cette fermeté de principes, ces efforts de perfection qui seront toujours pour les familles la meilleure richesse!

Ah! ne laissez pas disparaître cette création catholique de la femme chrétienne et française! Non, jamais le pays qui a vu briller au firmament de son histoire sainte Clotilde, sainte Geneviève, Jeanne d'Arc, sainte Jeanne de Chantal, ne permettra les décadences de cette fortune nationale, sous le masque trompeur d'une éducation sans foi et d'une science sans Dieu!...

Votre Évêque possédait à un haut degré l'art de conduire les âmes sans les opprimer ni les abandonner à leurs fluctuations naturelles, pratiquant à leur égard ce qu'il conseillait souvent : « Mettez toujours dans vos paroles la juste mesure, mélange de vérité, de « charité et de prudence. »

Cette direction ne l'absorbait pas; il laissait souvent les brebis

(1) Damnationis hæreticorum hæc fuit principium. Hujus victoriæ Marcella causa fuit. (*Epist. ad Marcel.*)

(2) Matronis a sæculi vanitate revocandis, et moribus reformandis, maximopère studuit : dignus sane qui gloria ac decus præsulum vocaretur. (Bréviaire romain, légende de saint Laurent Justinien.)

fidèles pour chercher les brebis égarées, heureux de les ramener et de les panser au bercail. L'asile du Bon Pasteur le voyait souvent; bon pasteur lui-même, il relevait les pauvres repenties que les admirables filles du vénérable Eudes transforment par leurs maternelles sollicitudes.

Le gouvernement des âmes ne pouvait le laisser étranger à ses maisons d'éducation, à son collège aimé de Sainte-Croix, cette pépinière d'hommes dont l'épreuve n'a pas tari la fertilité. Aussi, il avait droit de redire, comme saint Basile, à la jeunesse de son diocèse : « Après vos parents, vous n'avez personne qui vous « aime plus que moi; et mon affection pour vous n'est pas « moindre que celle de vos pères (1). »

Où, mieux que dans cette institution du Sacré-Cœur, révélait-il cette prédilection de son épiscopat? Son intrépide initiative avait, à travers mille obstacles, rétabli dans votre cité, cette œuvre providentielle qui depuis trois quarts de siècle prépare à la sainte Eglise, à la famille et à la société ces phalanges de femmes fortes, soutien de l'apostolat, secours de l'indigence et ouvrières des tabernacles. Là, ses allocutions, tour à tour élevées pour les épouses du Christ, et charmantes de simplicité pour son jeune auditoire ont tracé de profonds sillons dans les consciences.

Sa paternelle et active vigilance s'étendait à toutes les communautés; son action y était discrète, dévouée, respectueuse des droits, de l'esprit spécial et des traditions de chaque ordre. Son éminence dans la science des saints se révélait surtout dans les sanctuaires de la pénitence, de la prière et de la contemplation. Il se plaisait à vivifier ces holocaustes de l'autel, comme les nomme saint François de Sales, ces généreuses Réparatrices, jalouses de rendre à Dieu plus de gloire que l'impiété ne lui en ravit; il était fier du joyau de la Sarthe, de ce monastère de sainte Cécile, symbole de la vie de l'Église, « dont l'édifice spirituel dépasse de

(1) Statim post parentes ita vobis conjunctus sum ut ego non minori vos benevolentia prosequor quam vestri patres. S. Basil. ad adolescentes, de legendis libris gentilium, i.

beaucoup encore la merveille visible de l'art qui frappe les regards du visiteur (1). »

Le Carmel tressaillait à ses accents; les écrits de saint Jean de la Croix et de sainte Thérèse lui étaient familiers; ce qui fut dit de la Vierge d'Avila, de ce génie de l'amour divin put lui être appliqué : « Il arrosait les parterres de l'Église des sources « fécondes de la céleste sagesse (2). »

Que dire de ce doux et cordial asile de la Visitation? Il l'aimait comme le chef-d'œuvre de son modèle et de son saint. Que de fois le cloître a vu revivre les scènes de son berceau; l'apparition de l'Évêque du Mans faisait illusion à ces humbles épouses de Jésus; sa parole substantielle et gracieuse leur rendait les visions de la petite galerie d'Annecy; elles croyaient entendre les entretiens de leur saint Fondateur à ces groupes de grandes âmes, sainte Jeanne-Françoise de Chantal, de Bréchard, Marie-Aimée de Blonay, Jacqueline Favre, Agnès de La Roche et Jacqueline Coste. Le traité de l'Amour de Dieu toujours ouvert sous son regard inspirait sa parole qui devenait aisément *lumière* et *flamme! Lucerna ardens et lucens* (3). Souvent plus d'une religieuse en l'entendant, se rappelait le portrait de l'Évêque de Genève tracé par sa sainte et vaillante collaboratrice :

« Aussi était-ce chose ravissante de l'ouïr parler de Dieu et de la perfection. Il avait des termes si précis et intelligibles, qu'il faisait comprendre avec grande facilité les choses les plus délicates et relevées de la vie spirituelle.

« Il n'avait pas cette lumière si pénétrante pour lui seul; chacun a vu et connu que Dieu lui avait communiqué un don spécial pour la conduite des âmes, et qu'il les gouvernait avec une dextérité toute céleste. Il pénétrait le fond des cœurs, et voyait clairement leur état, et par quels mouvements ils agissaient; et tout le monde sait sa charité incomparable pour les âmes, et que ses

(1) Paroles de S. E. le cardinal Pie.

(2) Ecclesiam... cœlestis Sapientiæ imbribus irrigavit. Bulle de Canonis. de S. Thérèse. — Grégoire xv.

(3) S. Jean, ch. v, ℣. 35.

délices étaient de travailler autour d'elles. Il était infatigable en cela, et ne cessait jamais qu'il ne leur eût donné la paix et mis leurs consciences en état de salut (1). »

Pourquoi déflorer ces souvenirs qui sont les trésors et la douleur des retraites sacrées de la vie mystique? Les cloîtres pleurent avec le diocèse, avec l'Église, cette grande âme trop vite ravie à la défense des saintes causes. Sentinelle inflexible de la vérité, gardien des droits de Dieu et de la liberté de l'Église du Christ, homme de la miséricorde, guide des âmes et ami des pauvres, il se prodigue toujours avec un zèle qui défie les défaillances et domine les infirmités. Il résiste aux sollicitudes inquiètes de la famille et de l'amitié, il veut rester debout, attaché à la croix de son dévouement épiscopal. Ne lui parlez pas de repos, il repète le cri d'armes de saint Vincent-de-Paul : un prêtre ne se repose jamais! — Hélas, le repos ne vint pas, mais la cessation du labeur; et encore, la souffrance est le travail le plus fécond pour l'éternité!

Pourquoi renouveler ces angoisses et vous raconter les longues heures de son martyre? Son corps croule sous les coups de cruelles douleurs, l'âme demeure sereine et forte au milieu des ruines. Il fut doux envers la maladie, comme il l'était pour les consciences et pour les pauvres. « Ne permettons, avait-il dit souvent, à aucun événement, à aucune souffrance de rider la surface de notre âme. » Rien n'altéra son héroïque sérénité; il priait et il bénissait. Le Pontife éternel des biens futurs est venu à lui; le dernier pardon, les dernières onctions le purifient encore; comme saint Augustin, avec une touchante humilité, il supplie son clergé et son peuple de lui pardonner les torts de son épiscopat; tout est achevé! Son sentier s'illumine de splendides clartés, et son âme s'envole dans la plénitude de la lumière (2). Le voilà frappé dans la maturité de l'âge, étendu comme le moissonneur sur la gerbe d'or qu'il

(1) Déposition de sainte Jeanne de Chantal, au procès de la canonisation de saint François de Sales.

(2) Justorum semita, quasi lux splendens, procedit et crescit, usque ad perfectam diem. *Prov.* IV, 18.

va recueillir. La mort n'a pas altéré son visage, elle y laisse le sourire attirant de sa charité et y jette les reflets de l'immortalité. C'était à la première heure de la glorieuse fête de l'Exaltation de la Sainte Croix !

Doux et noble Frère, vous l'avez exaltée la Croix de notre Maître ! Vous l'avez portée radieuse sur votre front, devant les railleries de Tours et les séductions de Paris, aux jours périlleux de votre jeunesse ; vous l'avez défendue devant les lâchetés et les trahisons ; vos paroles, vos œuvres, vos tortures intimes l'ont exaltée ; prêtre, évêque épris de sacrifices, vous avez prêché la folie de la Croix, la Sagesse et la Force de notre Dieu.

Votre vie et votre mort la raffermissent sur son piédestal, sur cette vieille terre des Gaules ; votre patrie depuis plus de quatorze siècles, a été son soldat intrépide, son apôtre et son martyr ; vos leçons, votre mémoire aimée, les parfums de vos héroïques vertus perpétueront sur votre tombe un sacerdoce fidèle, des légions de chrétiens qui sauront, malgré les défaillances et les menaces, porter la croix, l'honorer et la garder ; sans elle, c'est la mort des âmes, la décadence et l'oppression des peuples, par elle c'est le salut et la liberté du monde !

Le Mans. — Typ. Ed. Monnoyer, imprimeur de l'Évêché. — Nov. 1884.

www.ingramcontent.com/pod-product-compliance
Ingram Content Group UK Ltd.
Pitfield, Milton Keynes, MK11 3LW, UK
UKHW020357250726
13967UKWH00005B/2340

9 782013 046879